Andrea Frank

Achtsam werden – achtsam sein

Achtsam werden – achtsam sein

Mein Reinschreibbuch mit Impulsen und Übungen

Andrea Frank, Dipl.-Soz.-Päd.
post@andrea-frank.com

Dieses Buch ist erhältlich als:
ISBN 978-3-621-29065-4 Print

2. Auflage 2023

Lektorat: Andrea Glomb
Umschlagbild: DrAfter123 / Getty Images
Layout: Victoria Larson
Herstellung und Satz: Sonja Frank

Druck und Bindung: Beltz Grafische Betriebe, Bad Langensalza
Beltz Grafische Betriebe ist ein klimaneutrales Unternehmen (ID 15985-2104-100).
Printed in Germany

Weitere Informationen zu unseren Autor:innen und Titeln finden Sie unter:
www.beltz.de

Inhalt

Zum Einstieg ...

Das Reinschreibbuch vermittelt Grundlagen zur Achtsamkeit und bietet Anregungen für kleinere Übungen und Raum für Kreativität und Gestalten.

Das Ziel ist immer dasselbe: Wie kann es Ihnen mit Achtsamkeit gelingen, im gegenwärtigen Moment zu sein und aus automatisierten Abläufen herauszutreten? Wenn wir in den gegenwärtigen Moment eintauchen, bemerken wir, ob etwas angenehm, unangenehm oder neutral ist.

Es geht also nicht darum, etwas zu erreichen (wie Entspannung oder Gelassenheit), erstmal geht es einfach darum, im »Seinsmodus« zu landen und automatisierte Abläufe zu unterbrechen, ohne irgendetwas zu bewerten.

Was finde ich hier im Buch?

Im Buch finden Sie achtsame Atem- und Bewegungsübungen, Impulse für achtsame Kommunikation und kleine Anleitungen für das (Selbst-)Mitgefühl und den Umgang mit schwierigen Emotionen.

Bewusst werden im Buch lebensnahe Übungen vorgestellt, die in vielen Momenten praktiziert werden können und Sie dabei unterstützen, Achtsamkeit in den Alltag zu integrieren.

Warum sollte ich so vieles aufschreiben?

Im Moment des Aufschreibens vergegenwärtigen wir Situationen und können Ereignisse aus einer achtsamen und freundlichen Perspektive anschauen und lernen, auch bei schwierigen Emotionen uns selbst und anderen mit Freundlichkeit zu begegnen. Darüber hinaus gewinnen wir Kraft und lernen, auch Schwieriges und Unangenehmes auszuhalten und Schönes und Entspannung tiefer wahrzunehmen.

Es gibt neben den konkreten Fragen und Aufforderungen sowie Mindmaps zur freien Assoziation auch viel freien Raum, um plötzliche Wahrnehmungen und Ideen zu Papier zu bringen.

Wohin kann es mich führen?

Das Buch ermöglicht, kleine achtsame Schritte zu gehen, um zu schauen, welche Schritte passen und wie ganz absichtslos achtsame Wege entstehen. Dazu können Sie vorne im Buch beginnen - aber auch in der Mitte oder sich von hinten nach vorne arbeiten. Ein völlig freier Umgang mit diesem Buch ist möglich und gewünscht. Wir sind im Einklang mit dem, wie wir sind, was wir tun und in die Welt bringen wollen. So kann das Reinschreibbuch in der Reflexion des Tuns selbst zu einem Moment des Innehaltens und der Selbstfürsorge werden.

Was ist Achtsamkeit?

Was ist Achtsamkeit?

Achtsamkeit verbindet Gedanken und Gefühle und dabei nehmen wir unsere Körperempfindungen wahr.

Datum:

Achtsamkeit bedeutet, den gegenwärtigen Augenblick - ob angenehm, unangenehm oder neutral - wahrzunehmen.

Und alles was passiert, schauen wir in Freundlichkeit an.

Was ist Achtsamkeit?

Datum:

Versuche achtsam zu sein
und lass den Dingen
ihren natürlichen Lauf.

Dann wird dein Geist
still werden - nach und nach

da wo du bist - in jeder Umgebung
still und gelassen - wie ein klarer Waldsee.

Was ist Achtsamkeit?

Was können Sie beobachten in sich – und bei anderen?

Wie ist Ihre Stimmung?

Was können Sie in Ihrem Körper spüren?

Wie ist es, nicht wertend zu SEIN?

Datum:

Wie geht es
Ihnen jetzt?

Was ist Achtsamkeit?
Wie entsteht Freiheit?

Datum:

Der Autopilot

Wenn wir im Zustand des Autopiloten sind, laufen automatisierten Programme ab. Dies geschieht unbewusst und ungeprüft.

Wir sind nicht im gegenwärtigen Moment – in unseren Gedanken können wir ganz woanders sein.

Woanders sind wir in Erinnerungen oder verlieren uns in die Zukunft oder in Tagträumereien und manchmal auch in alte, nicht wohltuende Denkmuster.

Das ist nix Schlechtes – und manchmal sinnvoll.

Aber wenn wir immer so sind, verpassen wir den gegenwärtigen Moment und die Bewusstheit für das, was wirklich geschieht.

Entspannt wach sein für den Augenblick, das wollen wir trainieren wie einen Muskel – den *Achtsamkeitsmuskel.*

Datum:

Bodyscan

Es braucht also Training. Wir starten mit einer achtsamen Reise durch den Körper – auch Bodyscan genannt – und legen los.

Beim Bodyscan richten wir unsere Aufmerksamkeit auf die verschiedenen Regionen im Körper, um sie im gegenwärtigen Moment zu verankern und dort zu verweilen.

Was der Bodyscan nicht ist: eine Entspannungsmethode, eine Einschlafhilfe oder etwas, das unbedingt schön sein soll.

Aber es ist okay, wenn wir uns dabei entspannen, es ist okay, wenn wir mal einschlafen, es ist okay, wenn es schön ist.

Es ist genauso okay, wenn wir unruhig werden, wenn wir Körperregionen nicht oder nicht gut spüren können, wenn wir plötzlich so müde werden, wenn etwas unangenehm ist oder viele Gedanken durch den Geist ziehen.

Ganz ohne Erwartung erleben was passiert – nicht wertend – und damit SEIN lernen.

Betrachten Sie das Üben als Samen, den Sie pflanzen und welchem Sie für sein Wachstum die richtige Umgebung zur Verfügung stellen – also einen ruhigen Ort und regelmäßiges Üben.

Datum:

Was brauchen Sie für eine Umgebung, um zu üben?

Datum:

Was ist Ihnen wichtig?

Kleiner Bodyscan (ca. 15 Minuten)

Finden Sie eine bequeme Haltung – auch gerne im Liegen. Nehmen Sie die Unterlage und den Kontakt zum Boden wahr.
Atmen Sie zuerst ein paar Atemzüge vertieft ein und wieder aus.
Nun lenken Sie die Aufmerksamkeit zu den Füßen und den Beinen.
Vielleicht spüren Sie Wärme, Kribbeln oder etwas anderes. Wenn Sie nichts spüren, ist das auch in Ordnung.

Richten Sie jetzt die Aufmerksamkeit auf das Gesäß, den Rücken und die Schultern.

Wenn Gedanken kommen, ist das völlig okay. Dies zu bemerken ist ein Moment von Achtsamkeit – einfach die Gedanken wie Wolken am Himmel weiterziehen lassen und freundlich wieder zurückkehren zur Körperwahrnehmung.

Spüren Sie in den Bauchbereich und den Brustkorb. Was ist da? Weite? Enge? Oder etwas anderes?

Seien Sie ganz aufmerksam – wie eine Antenne – stellen Sie ganz auf Empfang.

Ist die Körperempfindung angenehm, unangenehm oder neutral?

Datum:

Nehmen Sie jetzt die Hände und Arme wahr und spüren Sie auch in die Ellenbogen.

Spüren Sie jetzt in Ihre Sinnesorgane, den Kiefer, die Zähne, die Lippen, die Nase, die Wangen, die Augen und auch die Augenbrauen, die Stirn, die Ohren und den Hinterkopf.

Und abschließend nehmen Sie alles wahr: von der Scheitelkrone bis zu den Füßen – alles loslassen und alle Empfindungen so lassen, wie sie gerade sind.

Was erleben Sie beim Üben?

Was ist aufgetaucht?

Was war schwierig?

Datum:

Was war überraschend leicht?

Welche Unterschiede bemerken Sie beim wiederholten Üben?

Das Achtsamkeitsdreieck

Indem wir allem unsere Aufmerksamkeit schenken, wollen wir einen harmonischen Zustand zwischen Körper, Atem und den Gedanken herstellen.

Datum:

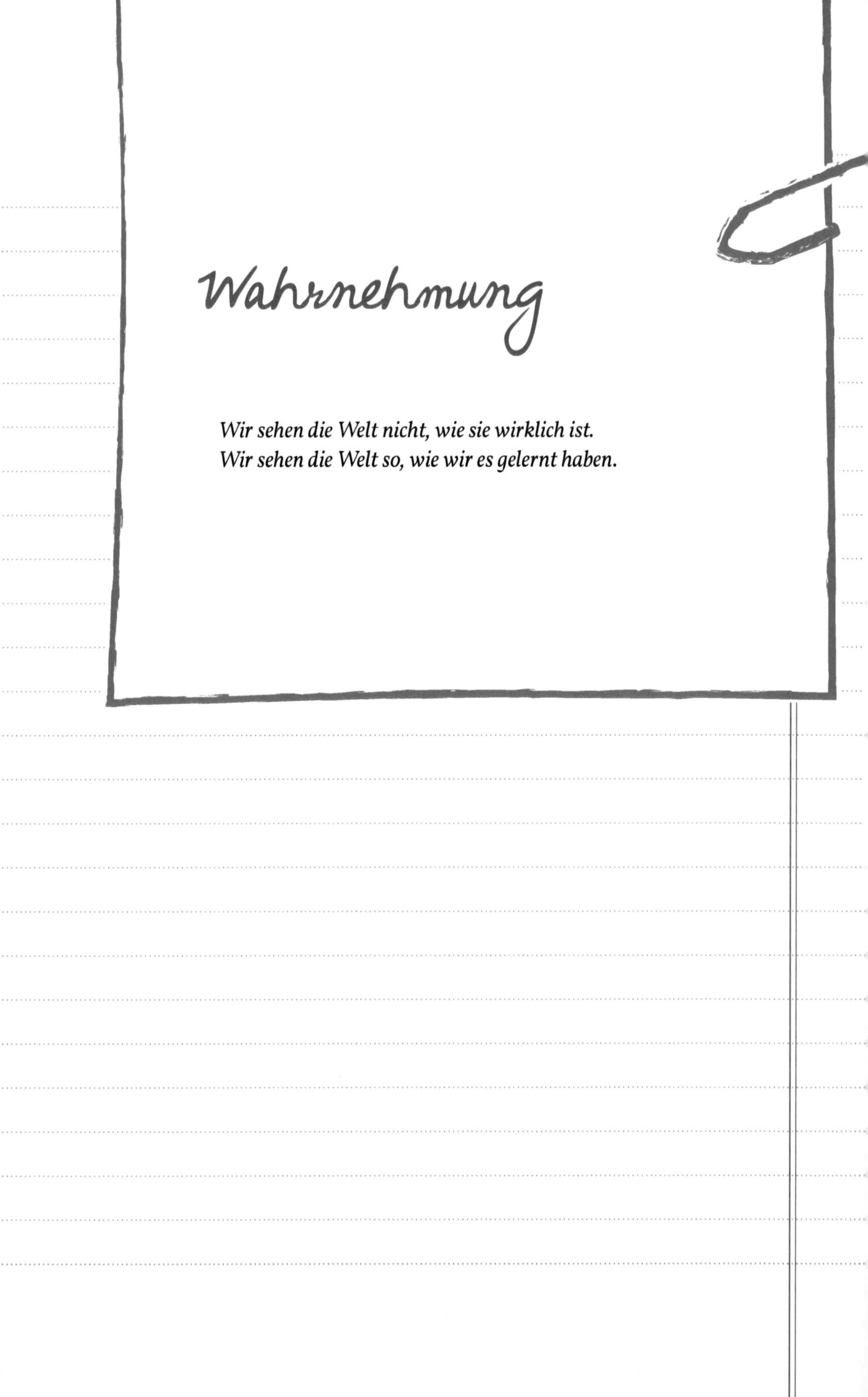

Wahrnehmung

Wir sehen die Welt nicht, wie sie wirklich ist.
Wir sehen die Welt so, wie wir es gelernt haben.

Wie nehmen wir wahr?
Was soll weg?

Datum:

Was prägt uns, was sind
unsere Glaubenssätze?

Datum:

Wie interpretieren wir die Welt und was ist wirklich?
Haben wir das so gelernt?

Fünf Hindernisse

Die fünf Hindernisse stammen aus der buddhistischen Philosophie. Wir alle haben mehr oder weniger stark ausgeprägte Gewohnheiten, die uns daran hindern, das für uns Beste aus unserem Leben zu machen.

Aversion	nicht haben wollen, wegstoßen
Anhaften	haben wollen, festhalten, Gier
Lethargie	Schläfrigkeit, Langeweile, ohne Interesse
Unruhe, Sorge	unruhig sein, Geist sprunghaft
Zweifel	Was soll das Ganze?

Wenn wir Achtsamkeitsübungen machen, sind die fünf Hindernisse unsere ständigen Begleiter. Wenn wir sie bewusst bemerken, können wir dies als achtsamen Moment wahrnehmen und sie vorbeiziehen lassen.

Wir werden diese Hindernisse auch in unserem Leben bemerken und somit mit Bewusstheit schwierige Situationen verändern können und heilsame Gewohnheiten entwickeln.

Datum:

Was sind Ihre Gewohnheiten und Hindernisse?

Was können heilsame Gewohnheiten werden?

Der Atem

Atem heißt Leben. Sie können sich den Atem als Faden oder Fluss vorstellen, welcher sämtliche Ereignisse im Leben zusammenhält und verbindet.

Der Atem ist immer da, in jedem Moment fließt er wie von selbst, ist im Fluss.

Haben Sie je bemerkt, wie der Atem sich den Stimmungen anpasst? Kurz und oberflächlich, wenn wir angespannt und/oder ärgerlich sind, schnell, wenn wir uns aufregen, langsam und tief, wenn wir entspannt und glücklich sind und kaum wahrnehmbar, wenn wir Angst haben. Der Atem ist immer bei uns, wie ein Anker, der im Körper und Geist Stabilität und Halt bietet, sobald die Aufmerksamkeit auf ihn gelenkt wird.

Die meiste Zeit jedoch vergessen wir den Atem. Wenn wir mit unserer Aufmerksamkeit mit dem Atem im Kontakt sind, diesen bewusst wahrnehmen, können wir beobachten, wie sich der Atem auf unsere Stimmungen, Gedanken und Körperwahrnehmung auswirkt. Es geht nicht um Kontrolle – einfach beobachten – entspannt und interessiert.

Mit zunehmender Praxis nehmen wir den Atem bewusster wahr. Wir können den Atem benutzen, um ihn auf die verschiedenen Aspekte in unserem Leben zu lenken. So lenken wir ihn etwa auf eine Situation, die unsere volle Aufmerksamkeit braucht. Oder wir atmen bewusst in angespannte Muskeln hinein und können so die Spannung lösen.

Datum:

Gefühle wie Ärger und Wut wegatmen oder so tun, als wären sie nicht da – das wollen wir nicht. Es wäre Bypassing oder das Gegenteil von dem, was wir wollen – auch mit dem schwierigen SEIN.

Wenn wir lernen, unseren Atem nicht zu bewerten, einfach so mit ihm zu sein, wie er sich zeigt, überträgt sich dies auf eine nicht wertende Haltung im Leben und wir lernen die Wirklichkeit so anzunehmen, wie sie ist.

Wo sind Ihre Bewertungsmuster?

Was soll bleiben?

Was kann weg?

Nehmen Sie sich ein bisschen Zeit für den Atem.

Die Atempause

Erstmal tief durchatmen – was ist eigentlich gerade los?

Wie geht es mir?

Wenn Sie wollen, können Sie nun sanft die Augen schließen.

Nehmen Sie drei tiefe Atemzüge.

Atmen Sie dann wieder normal.

Nehmen Sie den Atem einfach zur Kenntnis, ohne die Gedanken weiter zu denken oder eine Geschichte daraus werden zu lassen.

Wie sind die Gefühle? Es ist gar nicht so einfach, diese zu beschreiben?

Manchmal hilft: »Es fühlt sich an wie …«

Und nun wandern Sie mit Ihrer Aufmerksamkeit zu Ihren Körperempfindungen. Was können Sie spüren?

Jetzt wieder zurückkehren zu Ihrer Atmung, nehmen Sie diese wie eine Welle im gesamten Körper wahr und vielleicht auch darüber hinaus.

Öffnen Sie wieder die Augen, wenn Sie diese geschlossen hatten, und bewegen Sie sich ein bisschen.

Achtsam essen

Häufig muss es schnell gehen mit dem Essen oder wir vergessen es schlichtweg – oder wir essen zu viel, weil die Nahrungsaufnahme schnell gehen muss und bemerken nicht unser Sättigungsgefühl. Aber auch wenn wir schon jetzt sehr bewusst und ausgewogen essen, kann es zu einer neuen Erfahrung werden, achtsam zu essen.

Achtsam essen heißt, beim Essen ganz im Erleben zu sein. Alle Sinne sind beteiligt, wir schmecken, riechen, nehmen unseren Körper und unsere begleitenden Gedanken wahr. Damit wir das tun können, essen wir langsamer, wir lassen sprichwörtlich »das Essen im Mund zergehen«. Dabei erleben wir vielleicht eine neue Qualität des Essens, die zu mehr Wertschätzung der Nahrung führt und ins Bewusstsein holt, wie Lebensmittel entstehen und welchen Weg sie bereits hinter sich haben, bevor wir sie genießen können.

Datum:

Wie Nahrung meine Wahrnehmung und die Verbundenheit aller Dinge zeigen kann

Wenn ich eine Bohne oder Linse anschaue, kann ich erkennen, dass die Bohne oder Linse ein Teil dieses Planeten ist.

Wenn ich die Bohne oder Linse esse, weiß ich, dass ich eine Bohne oder Linse esse. Nur das. Alle meine Gedanken und Gefühle kann ich nicht essen, ich kann sie bemerken und beobachten, aber ich schmecke eine Bohne oder eine Linse. Während ich esse, fühle ich die Verbundenheit mit der Erde und dem Himmel und den Menschen, die die Bohne angebaut und geerntet haben.

Wenn ich die Bohne und die Linse so esse, fühle ich, wie ich genährt werde, meinen Körper, meine Seele und meinen Geist.

Datum:

Üben, achtsam zu essen

Achtsam essen und nichts anderes – sich freuen auf den Moment, wenn das Essen sich voll entfalten kann.

Das Essen betrachten, bevor Sie es essen, vielleicht wie ein Stillleben. Lassen Sie sich auf die Intensität des Sehens ein. Erleben Sie Form und Farbe.

Nehmen Sie wahr, wie das Essen riecht. Welche Gerüche sind es? Sind sie angenehm oder unangenehm?

Bemerken sie, wenn die Gerüche Ihre Erinnerungen wegtragen und kommen Sie zurück zum Riechen.

Lassen Sie sich überraschen von der Geschmacksvielfalt des ersten Bissens – was alles können Sie schmecken?

Essen Sie langsam und lassen Sie das Essen förmlich auf der Zunge zergehen.

Spüren Sie, wenn Sie satt sind, und spüren Sie, wenn Sie noch Hunger haben.

Packen Sie das Essen ein, wenn es genug ist. Wenn Sie auswärts essen, packen Sie den Rest in eine mitgebrachte Box.

Datum:

> Wir gehen täglich über ein Feld von Juwelen, lernen wir, sie zu sehen.

Angenehmes wahrnehmen – jeden Tag

- Was ist angenehm?
- Können Sie es in dem Moment des Geschehens bemerken? Oder wird es erst später klar und deutlich?
- Was genau können Sie spüren, wenn es angenehm ist? Wo im Körper?
- Was ist die innere Stimme und welche Gedanken tauchen auf? Wie sind die Gefühle?
- Wie zeigt sich dies?
- Was hilft, in den Zustand des Bemerkens zu kommen?

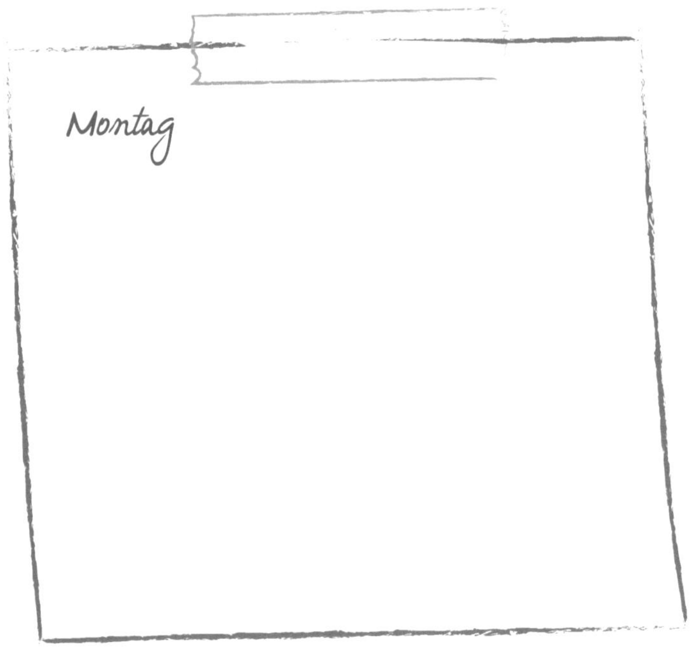

Datum: ....

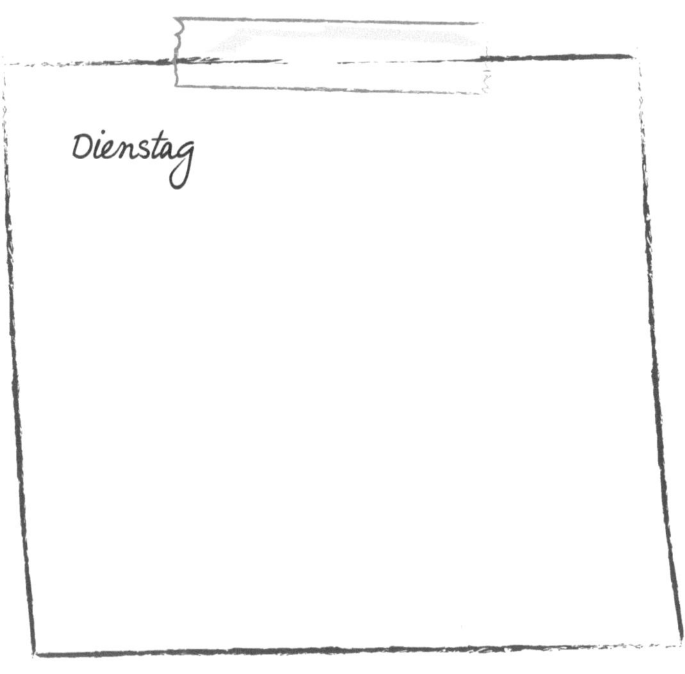

Donnerstag

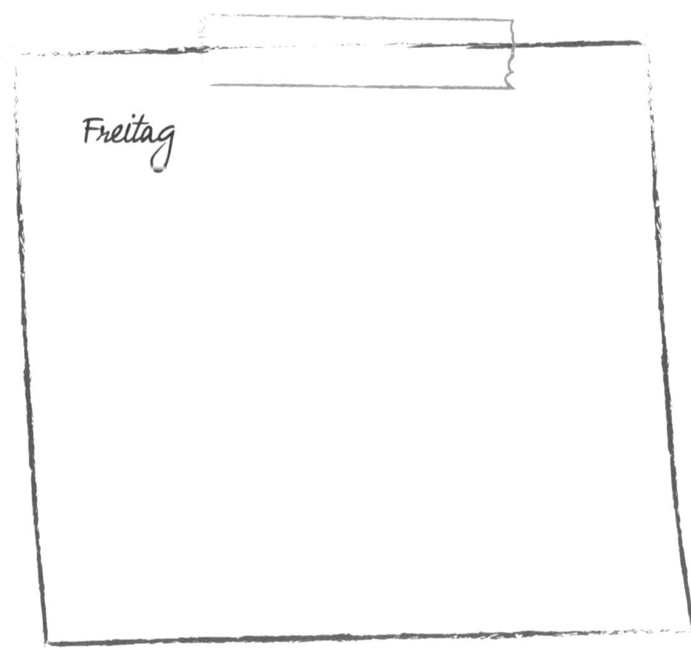
Freitag

Datum:

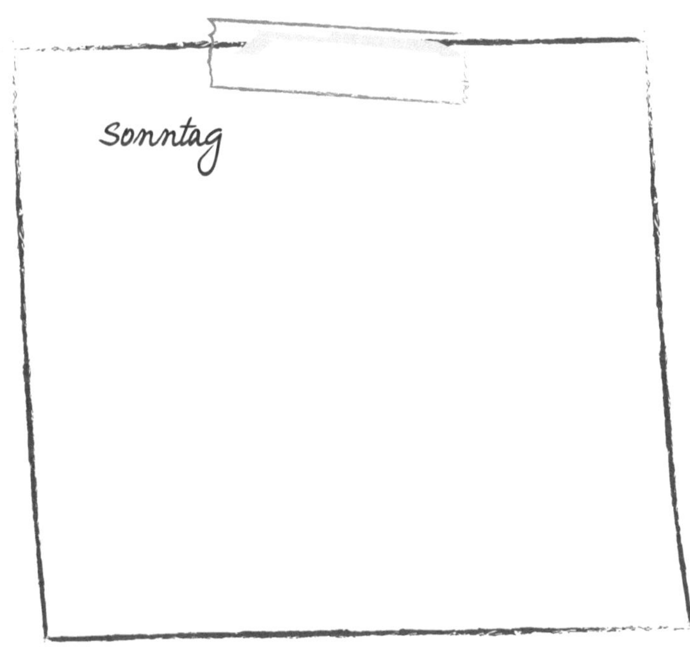

Die Schönheit und Größe des Lebens wahrnehmen

Es war an einem kalten Morgen im Januar 2007. An einer Metro-Station in Washington steht ein Mann und spielt auf seiner Geige sechs Stücke von Johann Sebastian Bach. Während dieser Zeit gehen ca. 2000 Menschen an ihm vorbei, die meisten auf dem Weg zur Arbeit.

Nach drei Minuten nimmt ein Mann mittleren Alters den Musiker wahr. Er verlangsamt seinen Schritt, stoppt für einige Sekunden, bevor er schnellen Schrittes weitergeht. Vier Minuten später bekommt der Mann mit der Geige seinen ersten Dollar: Eine Frau wirft das Geld im Vorbeigehen ein. Sechs Minuten später: Ein junger Mann lehnt sich an eine Wand, um ihm zuzuhören, dann schaut er auf seine Uhr und geht zügig weiter. 10 Minuten später, ein drei Jahre alter Junge stoppt, wird aber schnell von seiner Mutter weitergezogen, als das Kind dem Violinisten zuhören möchte. Das Kind dreht aber ständig seinen Kopf zum Musiker um. Dieses Verhalten wird bei einigen anderen Kindern ebenfalls beobachtet.

Nach 45 Minuten hat der Musiker 32 Dollar eingenommen – von ca. 20 Personen. Er beendet sein Spiel, niemand beachtet ihn, niemand applaudiert.

Datum:

Keiner weiß: Dieser Violinist ist Joshua Bell, einer der besten Musiker der Welt. Meisterhaft spielt er eines der schwierigsten Stücke für Violine – auf einem Instrument, das etwa 3,5 Millionen Dollar wert ist. Zwei Tage später wird er vor ausverkauftem Haus ein Konzert in Boston geben, bei dem die Besucher für ihren Sitzplatz im Durchschnitt 100 Dollar bezahlen.

Dies ist eine wahre Geschichte. Joshua Bell hat inkognito an einem Sozialexperiment der »Washington Post« teilgenommen über Vorstellung, Geschmack, Werte, Prioritäten der Menschen. Die Frage, die im Projekt gestellt wurde, hieß: »Nehmen wir Schönheit und Qualität auch in einer normalen und ganz gewöhnlichen Umgebung wahr – zu einer für uns nicht passenden und geplanten Zeit? Halten wir an, um etwas Schönes zu genießen?«

Das Ergebnis des Experiments: Wenn wir uns nicht einmal die Zeit nehmen, um einem der besten Musiker der Welt zuzuhören, der eines der schönsten Stücke für Violine geschriebene Musik spielt, auf einer der besten Violinen der Welt, wie viele wunderbare Momente und Menschen übersehen wir dann in unserem Leben und unseren Begegnungen?

Heute möchte ich mich öffnen für all die Schönheit in der Welt …

Datum:

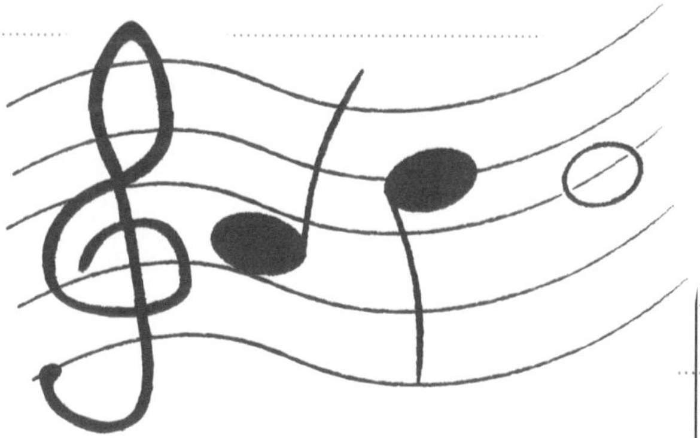

Viele schöne Dinge in meinem Leben

Schreiben Sie zu der Schatzkiste, was es alles Schönes in Ihrem Leben gibt.

Datum:

Wahrnehmung

Hier haben Sie die Möglichkeit, etwas für Sie persönlich Schönes zu malen:

Dankbarkeit üben

Wofür sind Sie dankbar – genau jetzt in diesem Moment?

Ein Moment von Dankbarkeit lässt uns Verbundenheit und Zufriedenheit spüren und stärkt so unsere Wahrnehmung für angenehme Momente.

Überlegen Sie kurz: Was taucht auf?

Welches Gefühl begleitet Sie, wenn Sie dankbar sind?

Und wenn heute einer dieser Tage ist, an welchen es schwer ist, Dankbarkeit zu empfinden: Nehmen Sie etwas, was sich ein bisschen wie Dankbarkeit anfühlt, das ist vollkommen okay.

Machen Sie diese Übung am besten jeden Tag.

Datum:

Wie Treppensteigen zu einer Achtsamkeitsübung wird ...

Wir wissen es: Treppensteigen ist eigentlich gesund, aber entweder sind sie endlos lang oder ich jage sie hinauf oder hinunter in einem Tempo, dass mein Herz rast und ich ganz außer Atem bin.
Machen Sie eine Achtsamkeitsübung daraus und Ihre Eile und Ungeduld wird sich beruhigen. Und rechtzeitig ankommen tun Sie auch so.

Heben Sie langsam Ihren Fuß an und treten Sie auf die erste Stufe.

Spüren Sie Ihre Fußsohle wie sie den Boden berührt. Bemerken Sie, wie Ihr anderer Fuß sich abrollt und wieder auftritt.

Versuchen Sie, die Bewegung der Atmung zu synchronisieren.

Datum:

Gehen Sie eine Stufe nach der anderen und bleiben Sie in der Wahrnehmung der Bewegung, insbesondere Ihrer Füße und der Atmung.

Verweilen Sie in dem Moment des Tuns und kommen so mit sich selbst in Kontakt.

Genießen Sie die Bewegung – und jeden Schritt nach oben.

Sie können die Übung genauso andersherum tun – also Treppen hinabsteigen.

Wenn Sie beides tun, spüren Sie Gleiches und den Unterschied.

Ein Fenster achtsam öffnen

Gehen Sie etwas langsamer als sonst zum Fenster. Spüren Sie in Ihren Arm, wenn Sie diesen anheben, um das Fenster zu öffnen. Umfassen Sie jetzt den Fenstergriff, ist der Griff kalt oder warm?

Bemerken Sie die Bewegung Ihres Armes beim Öffnen des Fensters.

Genießen Sie die frische (hereinströmende) Luft. Atmen Sie zweimal ein – wo können Sie den Atem im Körper wahrnehmen?

Kehren Sie nach dieser kleinen Pause wieder zurück zu dem, was Sie zuvor gemacht haben.

Datum:

Alltagsachtsamkeit in Bewegung

Kirschen pflücken

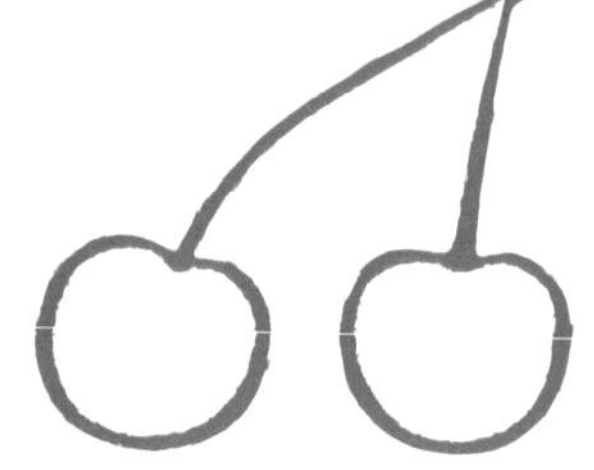

Stellen Sie sich hüftbreit hin, spüren Sie den Kontakt der Fußsohlen auf dem Boden.

Nehmen Sie Ihre Arme über den Kopf und strecken Sie Ihre Hände abwechselnd Richtung Decke – so, als ob Sie Kirschen pflücken oder Wäsche von der Wäscheleine nehmen wollen.

Stellen Sie sich auf die Zehenspitzen, um besser dranzukommen.

Strengen Sie sich ruhig etwas an.

Drehen Sie sich auch zur Seite und nach hinten, damit Sie wirklich alle Kirschen pflücken können.

Wenn Sie fertig sind, spüren Sie Ihren Körper in seiner Präsenz!

Datum:

Was passiert, wenn Sie in die Körperachtsamkeit gelangen?

Gedanken

Gedanken

Denken beherrscht unser Leben – wir verbringen viel Zeit mit unseren Gedanken. Wir können gar nicht **nicht** denken.

Meditation aber ist nicht Denken. Meditation ist ein kontinuierlicher Prozess der stillen Beobachtung und es kann eine neue Art des Verstehens geben.

Wir sind achtsam mit den Gedanken und identifizieren uns nicht mit ihnen. Es sind einfach nur Gedanken. Wir können sie weiterziehen lassen wie Wolken am Himmel, wir entscheiden, welche Gedanken wir weiterdenken und welche Gedanken wir loslassen wollen, und können dabei die befreiende Kraft des Loslassens wahrnehmen.

Wie es ist, wenn wir aus der Kraft der Verstrickung heraustreten und Raum für Neues entstehen lassen, wenn wir bewusst entscheiden, worauf wir unsere Aufmerksamkeit richten wollen?

Wir sind die Gärtner unseres eigenen Geistes und entscheiden, worauf wir unsere Aufmerksamkeit richten, welche Blumen und Pflanzen wir hegen und pflegen und ins Wachstum bringen.

Datum:

Welche Gedanken wollen Sie zum Wachsen bringen?

Sie möchten meditieren?

Welche Körperhaltung kann man dabei einnehmen?

Ob Sie auf einem Stuhl oder auf einem Kissen meditieren – wichtig ist, dass Sie würdevoll und aufrecht sitzen. Die Füße haben Kontakt zum Boden, die Hände ruhen auf den Oberschenkeln. Den Brustkorb öffnen, das erreichen Sie, wenn Sie die Schultern nach hinten abrollen.

Versuchen Sie nicht gleich jedem Bewegungsimpuls zu folgen, bemerken Sie es und geben Sie dem Reiz die Chance, vorüberziehen. Wenn es zu stark wird, verändern Sie Ihre Position in Achtsamkeit.

Datum:

Die Zitronenübung

Stellen Sie sich eine Zitrone vor.
Wie sieht sie aus, welche Farbe, welche Form?
Wie schmeckt sie?
Können Sie sie schmecken?
Wie ist der Geruch?
Was passiert nun bei Ihnen?
Können Sie den Geschmack wahrnehmen?
Läuft vielleicht sogar das Wasser im Mund zusammen?
Schmecken Sie das Sauersein der Zitrone?
Was passiert noch?

Es sind nur Gedanken – und dennoch passiert dies mit Ihren Sinnen!

Datum:

Gedanken sind keine Tatsachen!

Gedankenkarussell

Das Gedankenkarussell dreht sich und Sie drehen sich mit. Aber es sind nur Gedanken. Wir können die Stopptaste drücken und die Gedanken wie Wolken am Himmel weiterziehen lassen.

Wenn Sie wollen, schließen Sie die Augen oder senken den Blick zum Boden.

Fokussieren Sie sich auf Ihre Atmung.

Atemzug um Atemzug.

Bleiben Sie mit Ihrer Aufmerksamkeit nah beim Atem.

Der Atem ist Ihr Anker für den gegenwärtigen Augenblick.

Wenn die Gedanken hereinrauschen, lassen Sie es geschehen.

Nehmen Sie es als einen Moment von Achtsamkeit, wenn Sie es bemerken.

Lassen Sie nun die Gedanken weiterziehen, wie Wolken am Himmel, machen Sie keine Geschichte daraus.

Kehren Sie immer wieder zurück zur Atmung.

Atemzug um Atemzug.

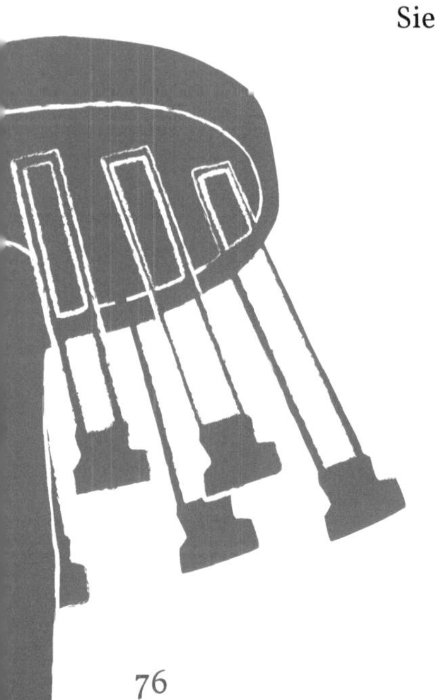

Datum:

Gedankenkino

Sie können sich nicht mehr ablenken von Ihren Gedanken und die innere Geschichte wird immer größer und dramatischer?

Kommen Sie zurück zur Realität.

Kommen Sie zur Atmung und spüren Sie Ihre Füße.

Jetzt stellen Sie sich eine Leinwand vor, ähnlich der im Kino beim Abspann.

Projizieren Sie Ihre Gedanken auf die Leinwand. Vielleicht taucht ein Gedanke auch mehrmals auf, vielleicht ist es wie eine Geschichte. Unterbrechen Sie die Geschichte, indem Sie die Gedanken einzeln sehen.

Kommen Sie zwischendrin immer wieder zur Atmung und Körperwahrnehmung zurück.

Schauen Sie, was sich verändert hat.

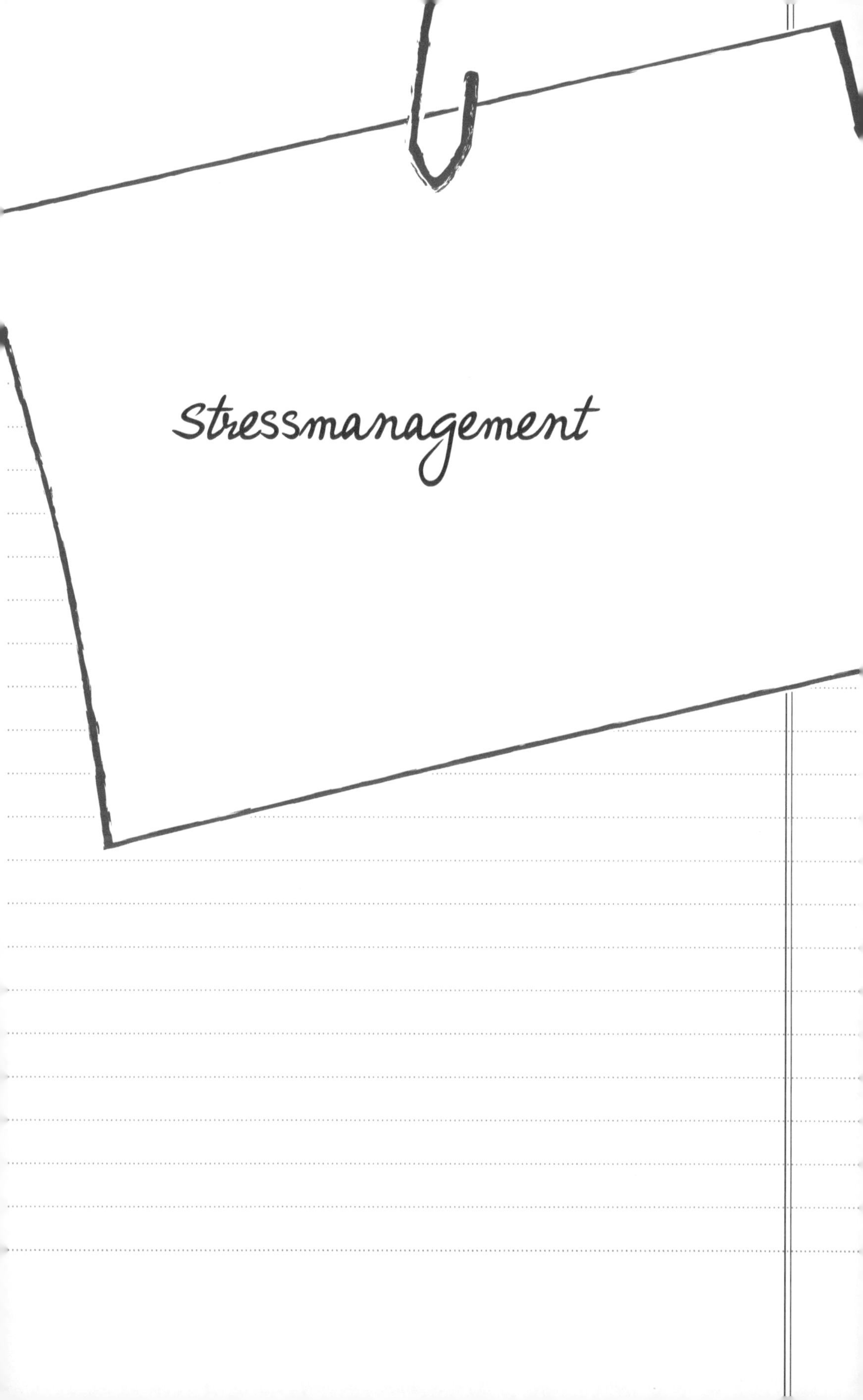
Stressmanagement

Stress ist ein Teil des Lebens und wir können uns oft nicht aussuchen, welchem Stress oder welchen schwierigen und herausfordernden Themen wir im Leben begegnen.
Wir entscheiden aber, mit welcher Haltung wir den Themen begegnen oder wie Jon Kabat-Zinn auf dem Retreat »Coming to our senses« im Juli 2017 in Salzburg sagte:

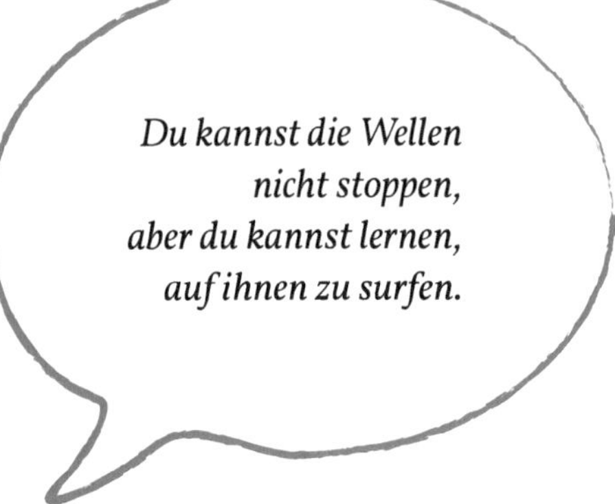

Datum:

Ich habe immer Stress, wenn …

Die STOP-Übung

Wenn es hektisch wird oder wir uns über etwas ärgern, ist es Zeit für die STOP-Übung. So trainieren Sie, in schwierigen Situationen innezuhalten und mit Bewusstheit zu reagieren.

S – Stop:

Halten Sie bewusst inne und halten Sie das Tun an.

T – Take a breath:

Atmen Sie tief durch und nehmen Sie einen bewussten Atemzug.

O – Opening:

Öffnen Sie sich für das, was genau in diesem Moment geschieht. Nehmen Sie die Gedanken und Körperempfindungen wahr, ohne etwas zu verändern.

P – Proceed:

Machen Sie nun einfach weiter in Ihrem Tun. Vielleicht entsteht Veränderung, vielleicht Akzeptanz der Situation.

Datum:

Stressreaktion

Wie reagieren Sie üblicherweise auf stressige Situationen? Ordnen Sie Ihre Stressreaktion den drei Kategorien zu!

Angriff/Kampf

Flucht

Erstarrung

Stress wird ausgelöst durch einem Reiz,
dem wir begegnen und auf welchen wir
automatisiert und direkt reagieren.
Häufig bemerken wir hinterher,
dass es vielleicht klug gewesen wäre,
nicht oder anders zu reagieren.
Dafür brauchen wir Zeit und Raum -
dies schafft Wahlmöglichkeiten.

Was brauchen Sie, um diesen Raum entstehen zu lassen?

Datum:

Achtsamkeit

Vermeidung ———————— Kampf

Achtsam den Regenschirm aufspannen

Spannen Sie Ihre Bewusstheit so auf wie einen Regenschirm, um die Dinge so wahrzunehmen, wie sie sind: angenehm, unangenehm oder neutral. In diesem Kontext ist der Regenschirm das Bild für den achtsamen Raum. In diesem darf alles da sein. In diesem können Sie bemerken, wie die Dinge wirklich sind und wie Sie damit in Beziehung sind, ohne sich von äußeren Reizen ablenken zu lassen.

Achtsamkeit bringt eine Beziehungsqualität dazu. Wir können schauen, welchen Abstand wir brauchen, um wieder Klarheit zu bekommen.

Wir schauen alles mit Freundlichkeit an, ohne es wegzustoßen oder uns abzulenken.

Dadurch bleiben wir in Beziehung.

Datum:

Wie sieht Ihr achtsamer Regenschirm aus?

Wie beziehen Sie sich?

Wie lernen Sie, mit schwierigen Emotionen »zu sein«?

Wetterkarte

Welche Analogie zum Wetter entspricht am besten Ihrem aktuellen Gemütszustand?

Datum:

Nichts muss perfekt sein.
Im Perfekten gibt es
keine Lebendigkeit und nichts
Neues kann erstrahlen.

RAIN

Diese Technik hilft Ihnen Schritt für Schritt, sowohl mit körperlichen als auch emotionalen schwierigen Situationen umzugehen.

R – Recognize

Erkennen. Das ist der Augenblick, in dem Achtsamkeit anspringt. Uns wird bewusst, dass uns eine starke Emotion beschäftigt.

A – Allow

Anerkennen und zulassen. Wir erfahren, dass das was wir erfahren, tatsächlich so ist. Wir müssen es nicht mögen, wir nehmen es zur Kenntnis und wenden uns nicht ab.

I – Interest

Interesse und Erkundung. Wir erforschen mit Neugier und Freundlichkeit, was tatsächlich passiert, und lassen alle Fragen nach dem Warum.

N – Non-Identify

Nichtidentifikation. Oft ist nicht die Emotion das Problem, sondern die Bedeutung, die wir diesem Problem beimessen. Es kann sehr hilfreich sein, sich zu vergegenwärtigen, was es für einen Unterschied macht, zu sagen »Da ist Wut« statt »Ich bin wütend« oder »Hier gibt es gerade viel Angst« statt »Ich bin ängstlich«.

(nach Tara Brach, 2020)

Datum:

Womit identifizieren Sie sich? Anders ausgedrückt: Mit welchen Gefühlszuständen sind Sie so eins, dass kein Blatt dazwischen passt?

Wie gelingt es Ihnen, etwas Abstand herzustellen?

Abstand nicht als Distanziertheit oder Vermeidung – Abstand, um Klarheit zu gewinnen.

Von Komfort und Wachstum

Wir brauchen immer wieder Zeit, um uns in der Komfortzone einzurichten. Dort fühlen wir uns gut und sicher und dort machen wir einfach Dinge, die uns gut tun - mit Menschen oder Tieren oder auch alleine. Aber um selbst zu reifen und zu wachsen, müssen wir immer wieder von der Komfortzone in die Wachstumszone, denn hier lernen wir mit Herausforderungen umzugehen. Wenn wir nicht aufpassen, rutschen wir dabei aber unbemerkt in die Überforderungszone.

Achtsamkeit unterstützt den Prozess des Wachsens und dabei, eine gute Wahrnehmung für die Überforderung zu bekommen.

Datum:

Komfortzone

Wo fühlen Sie sich sicher und wohl?

Was und wer gehört dazu?

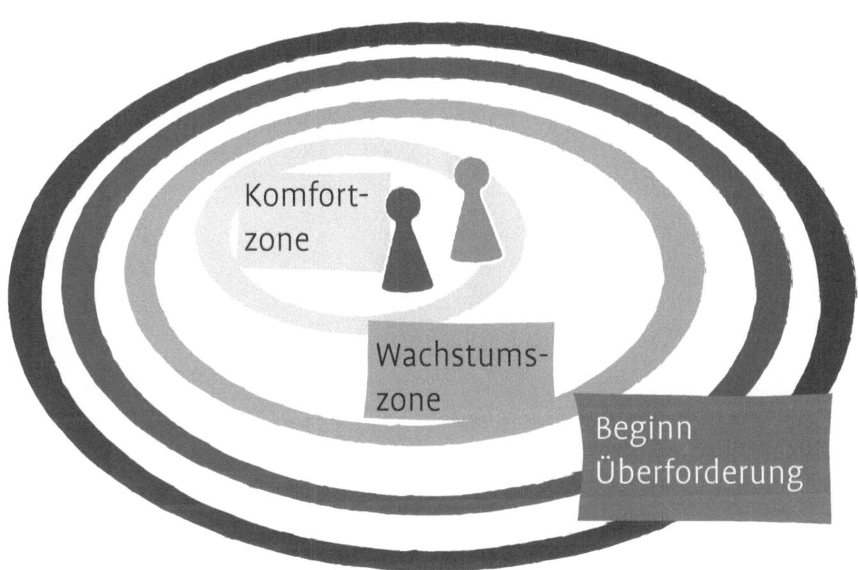

Wachstumszone

Womit wollen Sie wachsen?

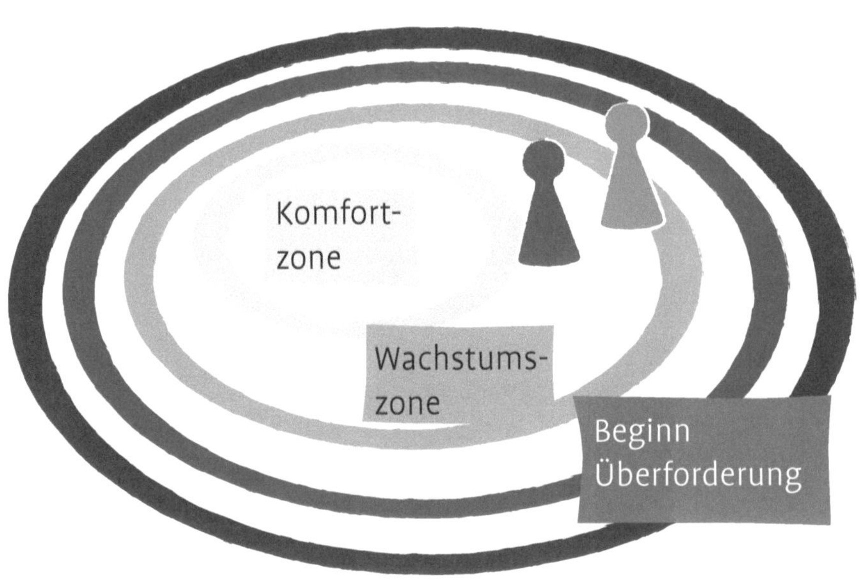

Datum:

Überforderungszone

- Wo und von wem sind Sie überfordert? Wann reicht es, wann ist keine Kraft mehr da?
- Wo sind die sichtbaren und unsichtbaren Linien der Überforderung?
- Gibt es ein Muster?
- Wie kann Achtsamkeit hilfreich sein, diese unsichtbaren Linien in die Bewusstheit zu bringen?

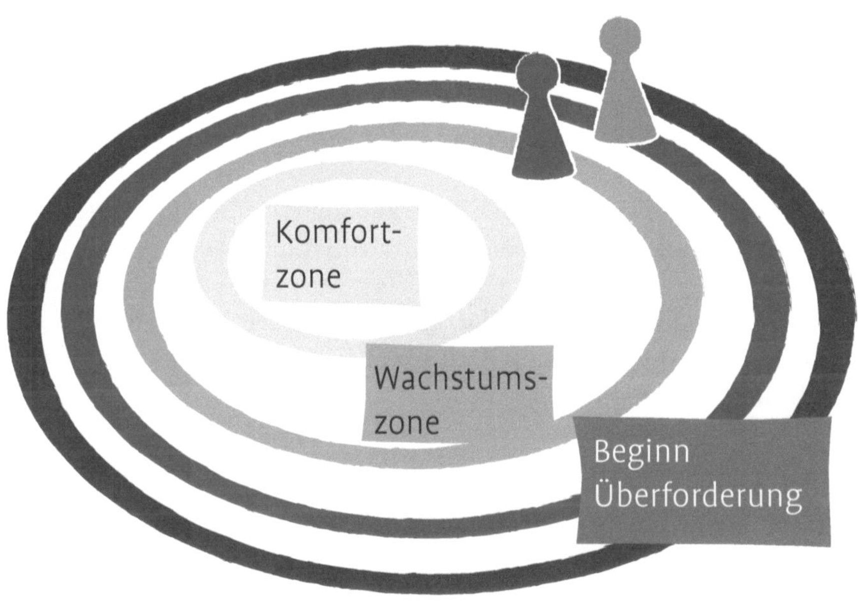

Übung, um Überforderung in den Griff zu bekommen

Wenn die Überforderung so präsent ist, dass sie sich auch auf nicht fordernde Momente auswirkt, müssen wir etwas verändern.

Vielleicht sind wir nur noch gereizt von allem in uns und um uns herum – wir reden schneller oder gar nicht, wir sind hektisch oder fallen in Lethargie. Wir sind aus unserer Mitte.

Auch wenn es schwer ist: Suchen Sie einen Moment von Stille und lassen Sie das in sich wirken, was im Folgenden kommt.

Am besten wird die Übung im Sitzen gemacht. Nehmen Sie zwei bis drei tiefe Atemzüge, tief einatmen und vollständig ausatmen.

Dann normal atmen und mit der Aufmerksamkeit in die Füße wandern, die Fußsohlen auf dem Boden wahrnehmen und die Festigkeit des Bodens wahrnehmen.

Weiterwandern mit Ihrer Aufmerksamkeit und wahrnehmen, wie Sie sitzen. Das Getragenwerden und den Halt vom Stuhl wahrnehmen.

Nun in die Hände hineinspüren – Sie fragen sich vielleicht: Warum kann ich meine Hände so gut wahrnehmen, ohne hinzuschauen? Das ist einfach so, wir können die Hände gut spüren.

Dann wieder zur Atmung kommen und diese im gesamten Körper wahrnehmen.

Datum:

Gelassenheit

So wie ein Berg Wind und Wetter, Blitz und Donner und Sonnenschein an sich vorbeiziehen lässt, so akzeptiert Gelassenheit angenehme und unangenehme Erfahrungen.

Gelassenheit heißt nicht Gleichgültigkeit.

Wenn wir gleichgültig sind, sind wir nicht im Kontakt mit dem, was passiert, wir handeln unbewusst und impulsiv. Wenn gelassen sind, haben wir Bewusstheit darüber, was geschieht. Wir handeln interessiert und engagiert und bleiben freundlich mit uns selbst.

Was bedeutet Gelassenheit für Sie?

Datum:

Gewohnheiten

Wenn wir uns entscheiden, Achtsamkeit zu praktizieren, entscheiden wir uns auch dafür, heilsame Gewohnheiten einzuüben.

Normalerweise vertrödeln wir viel Zeit im Autopiloten. Wir bemerken nicht, wie wir schon wieder im Gedankenkarussell gelandet sind oder wie das Zähneputzen funktioniert.

Im Autopiloten ist unser Gehirn im Energiesparmodus.

Es ist natürlich supernützlich, wenn wir nicht immer alles wieder neu lernen müssen, aber dadurch sind wir beim Tun oft nicht im gegenwärtigen Moment.

Durch Achtsamkeit werden uns die nicht wohltuenden Gewohnheiten bewusst. Aber es ist nicht einfach, diese zu verabschieden und durch wohltuende Gewohnheiten zu ersetzen. Unser Gehirn muss dafür arbeiten und zudem werden wir für diese Arbeit nicht einmal sofort belohnt. Erst durch die Wiederholung übt sich eine neue oder auch wohltuende Gewohnheit ein.

Langfristig lohnt es sich aber, dies zu trainieren. Gute Gewohnheiten geben uns ein gutes Gefühl und stressvolle Momente werden langsam immer weniger.

Die Geschichte vom Bauer und seinem Pferd

Ein Bauer hatte ein schönes Pferd, die Menschen im Dorf beneideten ihn darum. Ein solches Pferd müsste man selbst auch haben, meinten sie.

Der Bauer sagte nur: »Wer weiß?«

Eines Tages lief das Pferd weg und die Menschen im Dorf sagten: »So ein Pech aber auch!«

Der Bauer sagte nur: »Wer weiß?«

Nach ein paar Wochen kam das Pferd mit drei weiteren wunderschönen wilden Pferden zurück. Die Menschen im Dorf sagten: »Was für ein Glück der Bauer hat.«

Der Bauer sagte nur: »Wer weiß?«

Als der Sohn des Bauers eines Tages eines der Wildpferde zureiten wollte, stürzte er und brach sich ein Bein. Die Menschen im Dorf sagten: »Die Wildpferde haben ihm Unglück gebracht, ohne seine Pferde wäre der Sohn noch gesund.«

Der Bauer sagte nur: »Wer weiß?«

Kurze Zeit später brach ein Krieg aus und alle jungen Männer wurden zum Militärdienst eingezogen. Der Sohn des Bauern konnte wegen seines gebrochenen Beines zu Hause bleiben. Die Menschen im Dorf sagten: »Was hat der Bauer für ein unglaubliches Glück.«

Verfasser:in unbekannt

Datum:

Gib mir die Gelassenheit, die Dinge zu akzeptieren, die ich nicht ändern kann.

Gib mir den Mut, die Dinge zu ändern, die ich ändern kann.

Und gib mir die Weisheit, das eine vom anderen zu unterscheiden.

Reinhold Niebuhr

Welche schlechten Gewohnheiten möchten Sie durch neue, wohltuende Gewohnheiten ersetzen?

Datum:

Was legen Sie ins Licht und möchten genauer anschauen?

Datum:

Was verändert sich, wenn Sie alle Beurteilungen loslassen und dies in Freundlichkeit tun?

Fragen

Habe Geduld gegen alles Ungelöste,
in deinem Herzen und versuche,
die Fragen selbst lieb zu haben
wie verschlossene Stuben und wie Bücher,
die in einer sehr fremden Sprache geschrieben sind.

Forsche jetzt nicht nach Antworten,
die dir nicht gegeben werden können,
weil du sie nicht leben kannst,
und es handelt sich darum,
alles zu leben.

Lebe jetzt die Fragen –
vielleicht lebst du dann allmählich,
ohne es zu merken
eines fernen Tages
in die Antwort hinein.

Rainer Maria Rilke, 1929

Datum:

In welche Fragen möchten Sie hineinleben?

Beurteilen oder nicht wertend sein – Was macht den Unterschied?

Wenn wir etwas wahrnehmen, geht es blitzschnell, dass wir das Geschehen beurteilen oder bewerten. Oft entsteht das Beurteilen aus Erfahrungen und Dingen, die wir gemacht und gelernt haben. Die Dinge, die wir gelernt haben, können so unterschiedlich sein wie Kulturen, Herkunft, Gender – oder aber auch gleich.

In der Achtsamkeit geht es immer darum, diesen Moment des Wahrnehmens zu erkennen und alles Bewertende und Beurteilende zu lassen – uns zu öffnen für den gegenwärtigen Moment, in Akzeptanz und Gelassenheit – wissend: Nicht alles was wir denken, muss wahr sein.

Wenn uns das gelingt, kann ein Moment von Ruhe und tiefer Erkenntnis entstehen oder wie Jon Kabat Zinn sagt:

»beyond the thoughts«.

Gleichzeitig wird unsere Wahrnehmung, wenn wir Achtsamkeit praktizieren, sensibler und genauer – unsere Wahrnehmungskanäle sind geöffnet für alles, was kommt und geht.

Und wenn wir etwas wahrnehmen, kann es sein, dass die Akzeptanz dessen, was passiert, zum Handeln führt: dazu, eine kluge und weise Entscheidung zu treffen.

Datum:

Pfeile vorbeifliegen lassen

Wenn wir verunsichert und labil sind – wie es alle Menschen manchmal sind –, passiert es schnell, dass wir Wörter, die gesagt werden, und Emotionen, die wir aufnehmen, auf uns beziehen. Oder wie es in der Achtsamkeit heißt: wir uns damit identifizieren.

Es fühlt sich so an, als ob ein spitzer Pfeil auf uns geschossen wurde. Um den Schmerz weniger zu spüren, denken wir, dass es die beste Lösung ist, einen Pfeil zu zurückschießen.

Häufig ist es aber so, dass der vermeintliche Pfeil nichts mit uns zu tun hat, sondern ganz alleine mit den aktuellen Emotionen unseres Gegenübers, von den wir uns haben anstecken lassen. Wir selbst sind gar nicht gemeint.

Wenn wir lernen, achtsam in uns hineinzuspüren und dies zu erkennen, können wir lernen, die Pfeile an uns vorbeifliegen zu lassen.

Datum:

Welche Pfeile können Sie an sich vorbeifliegen lassen?

Schwierige Erfahrungen

Machen Sie sich eine schwierige Erfahrung bewusst. Wo können Sie diese im Körper wahrnehmen?

Wenn Sie wollen, können Sie sich eine Hand auf Ihr Herz legen oder Ihre beiden Hände in Ihrem Schoß spüren.

Sagen Sie sich selbst: »So also fühlt sich diese Erfahrung an« oder »Das tut weh«. Werden Sie sich bewusst, dass Schwierigkeiten zum Leben dazugehören und dies alle Menschen erleben.

Fragen Sie sich, welche freundlichen Worte Ihnen jetzt guttun würden.

Sprechen Sie diese zu sich selbst, beispielsweise Sätze wie »Möge ich freundlich und liebevoll zu mir selbst sein« oder »Möge ich mich so akzeptieren, wie ich bin.«

Schauen Sie, welche Worte Ihnen Trost spenden.

Datum:

Schreiben Sie sich Ihren wohlwollenden Satz oder ein wohlwollendes Wort auf die Fahne!

Wenn ich gut für mich selbst sorge,
wenn ich freundlich zu mir bin,
habe ich die Kraft, anderen etwas zu geben,
habe ich den Mut, mich einzusetzen
für eine bessere Welt.

Datum:

Sich selbst zu vertrauen und zuzuhören – die Wahrheit zu sprechen und sich zu öffnen für die Verletzlichkeit unserer Herzen. Einatmend im Kontakt sein mit dem, was passiert, und uns selbst mit Gelassenheit begegnen.

Werte und Ethik

Wir haben alle mehr oder weniger Werte, nach denen wir leben wollen. Oft sind diese eingebettet in eine Ethik, die für das Leben in der Gesellschaft wichtig ist.

Menschen, die mit Ihren Werten im Einklang sind und diese sich in Verhaltensweisen zeigen, fühlen sich stabiler und sind psychisch gesünder.

Werte sind auch die Dinge, die uns besonders wichtig sind, etwa Familie, Freunde, Sport, Umwelt …

Datum:

Schreiben Sie zehn Ihrer Werte auf!

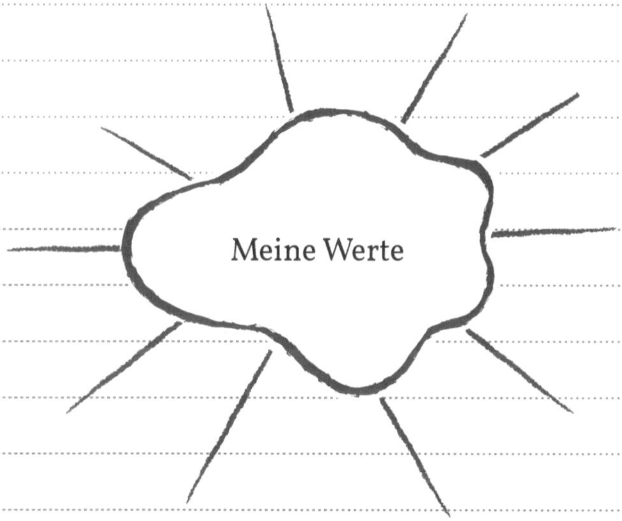

Meine Werte

Positive Affirmationen (Absichten)

Mit positiven Affirmationen sind Absichten gemeint – Wo will ich hin, wie will ich sein?

Es ist eine Form von Geistestraining, also eine Möglichkeit, unsere Bewusstheit zu kultivieren.

Oft haben wir im Laufe unseres Lebens negative Glaubenssätze entwickelt, die zu bestimmten Verhaltensweisen führen. Dummerweise glauben wir Negativem oft mehr. Oder anders:

»Positives rutscht weg wie Teflon, Negatives haftet wie Klebstoff.«

Wenn wir aber unsere Bewusstheit trainieren und unseren negativen Glaubenssätzen auf die Spur kommen, können wir einen Perspektivenwechsel einläuten. Aus diesem Perspektivenwechsel entstehen neue wohlwollende Sätze und Verhaltensweisen.

Aktuelle Glaubenssätze, die im Einklang mit unseren Werten stehen, können wir uns ganz absichtsvoll immer wieder selbst sagen. Oder wir schreiben sie auf ein Post-it und hängen es an den Badezimmerspiegel oder den Kühlschrank oder wo immer Sie erinnert werden wollen.

Wichtig: Wir sollten den Sätzen glauben – sie sollen also etwas aus unserem Leben wohlwollend sichtbar machen oder eine Absicht unterstreichen.

Datum:

Gute Satzanfänge sind:

Ich bin …

Ich darf …

Ich erlaube mir …

Notieren Sie auf den Klebezetteln Ihre Glaubenssätze!

Datum:

Dankbar zu sein für Kleinigkeiten,
das erfreut mich jeden Tag.

Freude kann sein
ganz still und leise
wild und explosiv
will geteilt werden (doppelte Freude)

Freude beginnt bei uns selbst,
entsteht aus Dankbarkeit.
Dankbarkeit wahrnehmen,
Momente des Innehaltens
stärken Verbundenheit und
Zufriedenheit.

Datum:

Beschreiben Sie Ihre Momente von Freude. Wo haben Sie diese im Körper wahrgenommen?

Wie war es, wenn Sie allein waren?

Wie war es in Gesellschaft?

Zulassen

Das Leben kann man nicht vollständig kontrollieren.
Versuche, einen Blitz einzufangen oder einen Tornado
zu stoppen.
Staue einen Fluss und er wird sich einen neuen Lauf suchen.
Widerstrebe und die Strömung wird dich mitreißen.
Wenn du es zulässt, wird dich die Gnade in höhere Gefilde
tragen.
Die einzige Sicherheit besteht darin, alles zuzulassen –
das Wilde und das Schwache, Angst, Fantasien, Fehlschläge
und Erfolge.
Wenn ein Verlust die Türen deines Herzens aus den Angeln
hebt, oder Trauer deine Sicht mit Hoffnungslosigkeit
verschleiert, wird das schlichte Aushalten der Wahrheit
zur Praxis.
Mit der Entscheidung, den gewohnten Weg zu verlassen,
wird deinen neuen Augen die ganze Welt offenbar.

Danna Faulds

Datum:

Bergmeditation

Das Bild eines Berges in sich aufzunehmen, kann sehr beruhigend sein und Ihnen Stabilität und Gelassenheit geben.

Setzen Sie sich auf einen Stuhl oder ein Kissen und schließen Sie die Augen. Erinnern Sie sich an einen Berg, der Ihnen gut gefällt.

Schauen Sie sich diesen Berg genau an.

Der Berg, der immer der Berg bleibt, im Frühjahr, im Sommer, im Herbst und im Winter.

Bei Schnee genauso wie bei Sonnenschein und Regen.

Am Tag und in der Nacht.

Der Berg sitzt einfach.

Spüren Sie Ihre Füße und Beine und Ihr Gesäß wie das Fundament des Berges, Ihre Arme und den Körper wie die herabfallenden Hänge und Ihren Kopf wie den Gipfel des Berges.

Sitzen wie ein Berg.

Datum:

Beschreiben Sie Ihren Berg.

Fragt ein Kind seinen Großvater: »Sind wir Menschen gut oder böse?«

»Das kommt darauf an«, sagt der Großvater, »Wir haben zwei Wölfe in uns. Der eine ist der Wolf der Gier und des Hasses, der andere ist der Wolf der Liebe und des Mitgefühls.«

»Und welcher ist stärker?«, fragt das Kind.

»Der, den wir mehr füttern«, sagt der Großvater.

Verfasser:in unbekannt

Datum:

Wie nähren wir uns?

Datum:

Wie sorge ich gut für mich und bin mit meinen Emotionen in Verbindung?
Was tut mir wirklich gut?

Menschen, die ein Leben in Übereinstimmung mit ihren Werten führen und sich dieser bewusst sind, erleben psychische Stabilität.

Wir sind in Resonanz mit uns selbst und unserer Umwelt und erleben darüber Verbundenheit.

Was hält mich persönlich im Gleichgewicht?

-
-
-
-
-
-
-
-
-

Datum:

Mitgefühl und Selbstmitgefühl

Mitgefühl

Frei nach Dalai Lama: Alle Lebewesen
mögen frei von Leid sein,
alle Lebewesen mögen glücklich sein.
Was dich (nicht) verändert,
berührt dich (nicht).

Datum:

Es gibt für das Mitgefühl und die Achtsamkeit eine Metapher: zwei Flügel eines Vogels. Nur in der Verbindung kann der Vogel fliegen.

Achtsamkeit ist absichtslos und will nichts erreichen. Wir nehmen alles in Akzeptanz – wie es in dem gegenwärtigen Moment auftaucht.

Mitgefühl hat eine Absicht und will einen wohlwollenden Zustand herstellen. Nur wenn wir mit uns selbst im Mitgefühl sind, können wir auch anderen Mitgefühl geben.

Liebevolles Atmen

Setzen Sie sich hin: am besten bequem und mit einem Gefühl von Würde in sich.

Spüren Sie in Ihren Körper hinein und kommen bewusst zur Atmung.

Zuerst ein paar tiefere Atemzüge nehmen und dann ganz normal atmen, den Atem kommen gehen lassen, so wie er sich zeigt. Sie brauchen nichts zu verändern.

Dann bewusst Mitgefühl und Freundlichkeit einatmen und beim Ausatmen Belastungen und Stress ausatmen. Dies wiederholen – immer wieder und wieder.

Mitgefühl und Freundlichkeit einatmen und Belastungen und Stress ausatmen. Wenn Gedanken kommen, dann kehren Sie liebevoll zurück zur Atmung. Atmen Sie Mitgefühl und Freundlichkeit für sich selbst ein und Belastungen und Stress aus.

Am Ende der Meditation spüren Sie wieder bewusst in den Körper hinein.

Nun öffnen Sie die Augen und rekeln und strecken Sie sich.

Datum:

Selbstmitgefühl

Selbstmitgefühl ist etwas, was wir tun können – und wir können es *üben*.

Es heißt nichts anderes, als Mitgefühl für uns selbst zu empfinden. Wir können es trainieren und lernen, wie wir auf psychischen und physischen Schmerz mit Mitgefühl reagieren. Das bedeutet auch, neue Gewohnheiten zu entwickeln, die uns nicht verurteilen, weil etwas im Leben passiert, was schwierig ist. Stattdessen geben wir uns selbst Mitgefühl, um wieder in unsere Kraft zu kommen.

Wenn wir gut mit uns selbst in Verbindung sind, spüren wir, wie es uns geht. Wir verurteilen uns nicht, wenn etwas nicht gelingt, wenn wir nicht perfekt sind oder andere enttäuschen.

Wir versuchen nicht, diesen Zustand zu vermeiden, sondern lassen es zu und schauen, was wir in diesem Moment brauchen.

Selbstmitgefühl ist nicht:

- alles tun, um ganz schnell wieder gut drauf zu sein
- den Schmerz vermeiden
- Verdrängung
- Ablenkung und Gier

Wenn wir lernen, uns selbst Mitgefühl zu geben, können wir auch anderen Menschen Mitgefühl geben.

Datum:

Wenn wir über Selbstmitgefühl nachdenken, denken wir auch über die Liebe zu uns selbst und zu anderen nach – oder wie bell hooks (2021, S. 93) schreibt: »Die Verpflichtung zur Wahrheit legt die Grundlage für die Offenheit und Ehrlichkeit, die den Herzschlag der Liebe ausmachen. Wenn wir uns selbst so sehen und auch so akzeptieren, wie wir wirklich sind, habe wir das notwendige Fundament uns selbst zu lieben.« So zu zu denken, so zu sein, ist ungewohnt - aber wir können es trainieren.

In welchen Momenten wollen Sie lernen, sich selbst Mitgefühl zu geben?

Selbstmitgefühl kultivieren – sich selbst Mitgefühl geben

Wenn Sie emotionales Unwohlsein und Unbehagen bemerken, erlauben Sie sich, sich dieser Erfahrung zuzuwenden und sich selbst Mitgefühl zu geben.

Machen Sie sich die Erfahrung im Körper bewusst. Wo genau können Sie diese wahrnehmen?

Wenn Sie wollen, können Sie sich eine Hand auf Ihr Herz legen. Oder Ihre beiden Hände in Ihrem Schoß spüren.

Sagen Sie sich selbst: »So also fühlt sich diese Erfahrung an« oder »Das tut weh«.

Werden Sie sich bewusst, dass Schwierigkeiten zum Leben dazu gehören und diese alle Menschen erleben.

Fragen Sie sich, welche freundlichen Worte Ihnen jetzt guttun würden. Sprechen Sie diese zu sich selbst, beispielsweise: »Möge ich freundlich und liebevoll zu mir selbst sein« oder »Möge ich mich so akzeptieren, wie ich bin«.

Schauen Sie, welche Worte Ihnen Trost spenden.

Datum:

Notieren Sie die Erfahrungen mit dieser Übung – oder, wenn Sie wollen, schreiben Sie die Sätze auf, die auftauchen:

Selbstliebe

Wenn ich mir selbst mit Liebe begegne …

- … kann ich mich im Loslassen üben und mich befreien von Gedanken, die mir immer das Gleiche erzählen und kein Ende finden.

- … bin ich mutig, mich für Neues und Veränderungen im Leben zu öffnen und diesen mit Anfängergeist zu begegnen und Beurteilungen sein zu lassen.

- … weiß ich, dass ich so vieles nicht weiß und dass dies okay ist.

- … weiß ich, dass es viele Dinge im Leben gibt, die ihre eigene Zeit brauchen, um sich zu entfalten – so wie eine Pflanze nicht schneller wächst, wenn ich daran ziehe, so brauchen viele Prozesse Zeit.

- … möchte ich mit Offenheit durchs Leben gehen, neugierig sein und meine Lebendigkeit spüren.

- … mache ich das, was mir Freude macht und was ich liebe und denke nicht, ich muss (wo) anders sein und perfekt werden.

Datum:

- ... vergleiche ich mich nicht mit anderen, alles darf einzigartig sein.
- ... höre ich auf die Signale meines Körpers und finde heraus, was mir guttut, mich nährt und unterstützt und bin so im Kontakt mit der Fülle des Seins.
- ... lerne ich Schwieriges im Leben wertzuschätzen und dass emotionaler Schmerz mir sagen soll, nicht gegen meine Werte zu leben.
- ... vertraue ich darauf, dass alles, was in meinem Leben passiert, seine Richtigkeit hat und ich daran wachsen kann.
- ... verstehe ich, dass ich immer am richtigen Ort bin und dieses Wissen meinem Lebensweg einen roten Faden gibt.
- ... fühle ich mich mit meinen Gefühlen verbunden und verbinde diese mit meinem Verstand und es entsteht: Herzensweisheit.

Was haben Sie verstanden, begonnen, erkannt, aufgehört oder entdeckt?

Datum:

Mitgefühlssatz formulieren

Machen Sie sich eine aktuelle Situation bewusst – mit all ihren schwierigen Emotionen und Fragen. Nehmen Sie Ihre Körperempfindungen wahr.

Nehmen Sie bewusst ein paar Atemzüge.

Stellen Sie sich nun vor, dass ein:e gute Freund:in oder auch Mentor:in, der oder die möchte, dass es Ihnen gut geht, bei Ihnen ist.

Spüren Sie die Präsenz dieser Person.

Vergegenwärtigen Sie sich nun die schwierige Situation, die Sie beschäftigt.

Ihre mitfühlende Freundin bzw. Ihr mitfühlender Freund möchte Ihnen etwas mitteilen. Lauschen Sie der Botschaft dieser Person und nehmen Sie diese Botschaft mit in den weiteren Tag.

Datum:

Mitgefühl und Selbstmitgefühl

Datum:

Sinnesübung

Wenn wir mit unseren Sinnen verbunden sind, öffnet sich der gegenwärtige Augenblick ganz automatisch. Beim Spazierengehen oder in der Natur können wir dies besonders gut trainieren.

Schauen Sie sich dort, wo Sie sich gerade aufhalten – ob draußen oder drinnen – genau um.

Was gefällt Ihnen? Farben, Formen, Gerüche? Was wirkt anziehend auf Sie?

Gehen Sie darauf zu und bleiben Sie so lange, bis Sie von dem, was Sie sehen und spüren, genährt sind. Vielleicht so wie eine Biene, die sich nährend von Blüte zu Blüte treiben lässt.

Gehen Sie erst weiter, wenn Sie wirklich »satt« sind und suchen dann ein weiteres Objekt. Lassen Sie sich verführen und verweilen Sie ganz im gegenwärtigen Augenblick.

Was haben Sie erlebt?

Datum:

Dankbarkeit

Wenn wir dankbar sind, erleben wir Freude und Verbundenheit.

Wir können dankbar sein über Dinge, die uns gegeben werden, genauso wie über Momente, in welchen wir in uns eine große Dankbarkeit erfahren. Wenn wir das Geschenk der Dankbarkeit erfahren, ist unser Herz für den gegenwärtigen Moment geöffnet und wir lassen jegliches Urteilen.

Wir können üben, diese Momente mehr ins Leben hineinzulassen.

Datum:

Bohnenübung

Stecken Sie sich morgens, wenn der Tag beginnt, zehn Bohnen in Ihre Hosentasche oder einen kleinen Beutel.

Achten Sie am Tag auf die kleinen und dennoch nicht unbedeutenden Momente, in welchen Sie Dankbarkeit erfahren. Das muss nichts Großes sein, ein Lächeln auf der Straße oder ein unverhofftes Kompliment, etwas, das Ihnen gut gelingt oder einfach, dass heute die Sonne scheint, reicht schon aus.

Immer wenn ein solcher Moment entsteht, nehmen Sie eine Bohne von der einen Hosentasche in die andere oder in einen anderen Beutel.

Zählen Sie abends die Bohnen in der anderen Hosentasche und erinnern Sie sich an den Moment, für den Sie dankbar waren.

Oder schreiben Sie die Situationen hier auf:

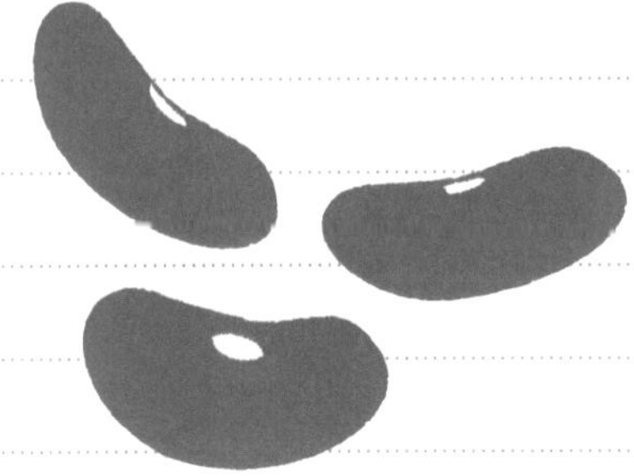

Datum:

Dankbarkeit üben

Wofür sind Sie dankbar – genau jetzt in diesem Moment?

Überlegen Sie kurz: Was taucht auf?

Welches Gefühl begleitet die Dankbarkeit?

Können Sie es im Körper spüren?

Wenn heute einer dieser Tage ist, an welchen es schwer ist, Dankbarkeit zu empfinden: Nehmen Sie etwas, was sich zumindest ein bisschen nach Dankbarkeit anfühlt. Das ist vollkommen okay so.

Machen Sie diese Übung am besten jeden Tag.

Datum:

Achtsame Kommunikation

Wie kann ich achtsam kommunizieren?

Unsere zwischenmenschlichen Beziehungen bieten uns zahllose Gelegenheiten, die Übung der Achtsamkeit anzuwenden und den Stress, den sie hervorrufen, zu reduzieren. Wie wir wissen, ist Stress weder einseitig noch ausschließlich von äußeren Faktoren abhängig. Psychischer Stress entsteht immer aus der Interaktion zwischen mir und meiner Umgebung, meinen Beziehungen, Familie, Kolleg:innen, Freund:innen, Behörden u.v.m.

Bei schwierigen zwischenmenschlichen Beziehungen heißt das, dass wir die Verantwortung für unser Verhalten übernehmen müssen. Unser Verhalten wird immer von unseren Gedanken und Gefühlen bestimmt. Auch hier sind unsere Reaktionen oft unbewusst und automatisch. Wenn unsere Interessen oder unser sozialer Status angegriffen werden, haben wir bereits unser gesamtes Verteidigungssystem aktiviert und agieren entsprechend unseres automatisierten Musters.

Das Wort Kommunikation impliziert ein gleichberechtigtes Miteinander – das bedeutet nicht, dass man mit einer Person gleicher Meinung sein muss, solange wir uns in einem von Menschenrechten geprägten Rahmen befinden., Es bedeutet, dass man in der Lage ist, die Meinung eines anderen gelten zu lassen. Wenn wir jedoch in unsere eigenen Gefühle verstrickt sind, ist es unmöglich, frei zu kommunizieren. Wir sind verunsichert oder wütend, es entsteht Stress, wenn unsere Meinung nicht geteilt wird. Deshalb fühlen wir uns viel wohler, wenn wir mit Menschen zusammen sind, die so empfinden wie wir. Aber wir haben ständig im Alltag Begegnungen mit Menschen, die in ihrem Denken und Handeln anders geprägt sind.

Um die Achtsamkeit im zwischenmenschlichen Bereich gezielt zu entwickeln, ist es hilfreich, schwierige Beziehungen einmal eine

Datum:

Zeitlang zu beobachten, denn meistens sind wir uns unserer automatischen Reaktionen nicht bewusst. Der Ausweg aus dem Dilemma des Autopiloten in der Kommunikation besteht darin, alle Bewertungen loszulassen, sobald wir sie bemerken. Das setzt voraus, dass wir uns öffnen, die eigenen Gefühle kennen und den Wunsch nach wirklicher Verständigung verspüren. Dies ermöglicht die eigene Integrität zu wahren und auch die des Gegenübers.

Wenn Sie beispielsweise jemandem etwas verneinen möchten, machen Sie dies nicht defensiv oder aggressiv, sondern verständnisvoll und sachlich. Auch wenn Ihnen Unverständnis begegnet, bleiben Sie unbeirrt achtsam, indem Sie genau darauf achten, was Sie als Nächstes sagen wollen. Beobachten Sie dabei Ihre Gedanken und Gefühle. Sehr wahrscheinlich wird es einen Weg der Verständigung geben, ohne dass jemand dabei mit Worten verletzt wird.

Diese Vorgehensweise könnte man den Pfad der Achtsamkeit nennen. Sie zu kultivieren bedeutet, Konflikten bereits im Anfangsstadium zu begegnen, so dass sie erst gar nicht zu großen Konflikten werden.

Schwierige Kommunikation

Beschreiben Sie ein paar Situationen aus Ihrem Leben, in denen die Kommunikation schwierig war bzw. »gehakt« hat!

Beschreiben Sie die Situation.	Was waren Ihre Erwartungen?	Was waren die Erwartungen des Gegenübers?

Datum:

Was haben Sie währenddessen wahrgenommen?

Hat es sich mittlerweile gelöst?

Achtsam zuhören

Viele Stressmomente resultieren aus unbefriedigender Kommunikation. Der andere hat nicht richtig zugehört oder Sie selbst waren so abgelenkt, dass Ihnen das Zuhören schwergefallen ist.

Spüren Sie kurz in Ihre Körperachtsamkeit.

Lassen Sie dem anderen den Raum, zu sprechen.

Beobachten Sie Ihre eigenen Impulse beim Zuhören und im Körper.

Wollen Sie unterbrechen, bestärken, etwas Eigenes erzählen?

Werden Sie ungeduldig oder müde?

Hören Sie weiterhin aufmerksam zu!

Einfach tief zuhören!

Vertrauen Sie darauf, dass Sie ausreichend Zeit bekommen, zu antworten.

Datum:

Was verändert sich, wenn Sie auf diese Weise zuhören?

Was haben Sie an sich für innere Reaktionen bemerkt?

Was war wohltuend?

Was war herausfordernd?

Achtsam sprechen

Häufig, wenn wir etwas erzählen, verlieren wir uns in der Erzählung und reden zu viel. Oder wir sind im Kopf mit etwas anderem beschäftigt, sind kurz angebunden und nicht beim Gespräch. Beides beinhaltet wenig Aufmerksamkeit für das Gegenüber und für Sie selbst.

Versuchen Sie daher Folgendes: Bevor Sie beginnen zu erzählen, spüren Sie in Ihre Körperachtsamkeit.

Überlegen Sie: Was ist mir wirklich wichtig zu sagen, was kann ich weglassen?

Wenn Sie sprechen, bleiben Sie in Ihrer Körperachtsamkeit.

Bemerken Sie, wie sich Ihre Worte anfühlen.

Schauen Sie sich nicht nur auf Ihr Gegenüber, schauen Sie auch auf sich selbst, auf Ihre Gedanken, Gefühle und Körperempfindungen.

Bemerken Sie, was sich verändert.

Datum:

Wie geht es Ihnen damit, so zu sprechen?

Was verändert dies?

Datum:

Alltagsachtsamkeit

Wir können überall und immer wieder Achtsamkeit praktizieren: etwa regelmäßig meditieren und im Alltag Gelegenheiten nutzen, um Achtsamkeit zu praktizieren.

Wir müssen uns nur auf die Suche dafür begeben und schon werden sie da sein, die Gelegenheiten …

- Wenn Sie am Morgen aufwachen, richten Sie Ihre Achtsamkeit auf den Atem, bevor Sie aufstehen. Beobachten Sie diesen fünf Atemzüge lang.
- Bemerken Sie Veränderungen in Ihrer Haltung. Seien Sie sich bewusst, was Sie im Geist und im Körper spüren, wenn Sie Ihre Position verändern.
- Wenn Sie das Telefon läuten, einen Vogel singen, ein Auto vorbeifahren oder ein Lachen hören, dann nehmen Sie dies als Glocke der Achtsamkeit. Hören Sie wirklich hin und seien Sie ganz gegenwärtig und wach.
- Richten Sie während des Tages immer wieder die Aufmerksamkeit auf den Atem.
- Werden Sie sich beim Essen und Trinken bewusst, woher dieses Essen kommt, wer es geerntet hat, wo es gewachsen ist. Nehmen Sie Essen und Trinken mit allen Sinnen wahr.
- Spüren Sie Ihren Körper, während Sie gehen, stehen oder sitzen. Spüren Sie Ihre Haltung, den Untergrund, die Luft, die Umgebung.
- Wenn Sie auf etwas warten, nutzen Sie die Zeit, um Achtsamkeit zu praktizieren. Spüren Sie, wie Sie stehen, sitzen, vielleicht machen Sie eine Gehmeditation, vielleicht achten Sie auf Ihren Atem und die Bewegung im Körper. Wahrnehmen, was ist jetzt, Ungeduld, Gelassenheit. Was immer Sie bemerken, können Sie damit sein?
- Werden Sie sich mehrmals am Tag Ihrer Körperhaltung bewusst. Wenn Sie bemerken, dass Sie gekrümmt oder verspannt sind, richten Sie sich sanft wieder auf und verändern die Körperhaltung so, dass Sie Ihren Körper anstrengungslos spüren können und Raum für die Atmung schaffen.

Datum:

Vervollständigen Sie die Liste mit eigenen kleinen Achtsamkeitsübungen:

Datum:

Quellen

bell hooks (2021). Alles über Liebe - Neue Sichtweisen. New York: Harper Collins.

Brach, T. (2020). Dein furchtloses Herz: Mit der RAIN-Methode schwierige Emotionen heilen. ORT: O.W. Barth.

Faulds, D. (2002). Gedicht: Allow. Abdruck und Übersetzung mit freundlicher Genehmigung der Autorin. Aus: Go in and in: Poems from the heart of yoga. Peaceable Kingdom Books.

Rilke, R.M. (1929), Briefe an einen jungen Dichter. Aus einem Brief an Franz Xaver Kappus, 16. Juli 1903. Leipzig: Insel.

Einige Achtsamkeitsübungen sind so oder so ähnlich auch in unserem Kartenset zu finden:

Frank, A. & Kampel, M. (2021). Achtsames Arbeiten. 60 Impulse für mehr Achtsamkeit, Selbstfürsorge und Stressbewältigung. Weinheim: Beltz.

Steven C. Hayes
Kurs-
wechsel
im
Kopf
Von der Kunst
anzunehmen, was ist,
und innerlich frei
zu werden
BELTZ